AF561136

# L'ISLE DES FOUX,

## *COMÉDIE* EN DEUX ACTES.

MÊLÉE D'ARIETTES.

PARODIE DE L'ARCIFANFANO DE GOLDONI.

Par Messieurs... & ANSEAUME.

*Représentée par les Comédiens Italiens Ordinaires du Roi, au mois de Décembre 1760.*

*A BESANÇON,*

Chez FANTET, Libraire, plus haut que la Place Saint Pierre.

M. DCC. LXIV.

*Avec Permission.*

(2)

# PERSONNAGES.

| | |
|---|---|
| FANFOLIN, Gouverneur de L'Isle des Foux. | *M. Rochard.* |
| UN OFFICIER de la suite de Fanfolin. | *M. Leclerc.* |
| SORDIDE, Avare Tuteur de Nicette. | *M. Caillot.* |
| NICETTE, jeune innocenre, aimée de Fanfolin. | *Mlle. La Fond.* |
| SPENDRIF, prodigue. | *M. Desbrosses.* |
| FOLLETTE, } Sœurs. | *Mme. Favart.* |
| GLORIEUSE, } Sœurs. | *Mlle. Desglands.* |
| BRISEFER, faux brave. | *M. Chanville.* |

TROUPE DE FOUX ET DE FOLLES.

# L'ISLE DES FOUX,

## *COMÉDIE.*

## EN DEUX ACTES.

## *ACTE PREMIER.*

### SCENE PREMIERE.

FANFOLIN, UN OFFICIER de sa suite.

FANFOLIN.

ARIETTE.

AH ! quel tracas !
Quel embarras !
Ah ! quel martyre !
A chaque pas
Nouveau délire :
Ah ! quel tracas !
Quel embarras !
Une bruyante cohorte
Sans cesse assiege ma porte :
Que le diable les emporte.

L'un me pourſuit
Avec grand bruit,
L'autre me fuit
Et me maudit.
Ah ! quel martyre !
A chaque pas
Nouveau délire :
On n'y tient pas.

Quand j'ai accepté le Gouvernement de cette Iſle, où, par ordre de la République, on renferme les foux, je ne les croyois pas en ſi grand nombre, ni ſi difficile à mener.

(*On entend un bruit confus derriere le Théâtre.*)

Quoi! je n'aurai pas un moment de relâche ? Je ſors de mon Palais pour éviter leurs importunités, & ils viennent me relancer juſqu'ici. Que demandent-ils enfin ?

L'OFFICIER.

Ils demandent la liberté de retourner chez eux : c'eſt une grace que les nouveaux Gouverneurs ſont dans l'uſage d'accorder à ceux, qui, par leur ſéjour dans cette Iſle, ont recouvré leur bon ſens.

FANFOLIN.

Comment s'en aſſurer ?

L'OFFICIER.

Lorſque, par une conduite ſage & tranquille, ils font voir un cœur dégagé des paſſions qui cauſoient leur folie.

FANFOLIN.

Je vous entends.

## SCENE II.

FANFOLIN & ſa ſuite. TROUPE DE FOUX.

CHŒUR DE FOUX.

AH! Monſeigneur
Le Gouverneur,
Que votre cœur
A nos déſirs ſoit favorable :
Seigneur aimable,
Seigneur aimable,
Seigneur affable,
Accordez-nous par charité
La liberté.

FANFOLIN.

Si vous parlez tous à la fois, je ne vous entendrai pas. Sortez d'ici tous, venez l'un après l'autre me conter vos raisons.

*( Ils sortent. )*

FANFOLIN *au suivant.*

Et vous, ayez soin de les contenir, & d'empêchèr la cohue.

*( Le suivant sort. )*

FANFOLIN, *à part.*

Si la liberté, que ces gens là me demandent, doit être le prix de leur sagesse, j'ai bien peur qu'ils ne restent ici toute leur vie.

## SCENE III.

FANFOLIN, BRISEFER.

FANFOLIN.

ECoutons d'abord celui-ci. Qui êtes-vous?

BRISEFER.

Quoi! Seigneur, vous ne me connoissez pas?

FANFOLIN.

Non, je vous jure.

BRISEFER.

Vous ne me connoissez pas!

ARIETTE.

Je suis la terreur du monde,
Rien ne résiste à mon bras,
Et ma valeur furibonde
Porte en tous lieux à la ronde
Le ravage & le fracas.

Jamais rien ne m'arrête,
Je brave la tempête;
J'affronte le trépas:
Si le Ciel en éclats
S'écrouloit sur ma tête:
Je ne trembleroit pas.

FANFOLIN.

La République ne connoît donc pas votre mérite, puisqu'elle vous a exilé ici?

BRISEFER.

La paix dont on y jouit depuis long-tems, rendoit mon courage inutile.

FANFOLIN.

Hé bien!

BRISEFER.

Ma valeur inquiéte ne pouvant demeurer en repos, je m'étois associé avec des jeunes braves comme moi; & pour passer le tems, nous nous amusions la nuit à dépaver les rues, à casser les lanternes!, à fairedu tapage dans les Caffés... Oh! ces petits exercices là là forment bien un Militaire.

FANFOLIN.

Je le crois.

BRISEFER.

Je serois aujourd'hui un Héros, si l'on n'avoit interrompu le cours de mes exploits en me relégant ici.

FANFOLIN.

Comment vous apellez-vous.

BRISEFER.

Brisefer.

FANFOLIN.

Brisefer! j'ai quelque idée de ce nom-là.

BRISEFER.

Oh! j'étois bien étonné qu'on ne vous eût pas parlé de moi, L'ancien Gouverneur me connoissoit très-bien.

FANFOLIN *tirant un livre.*

C'est lui justement qui m'a donné des anecdotes sur votre compte.

BRISEFER.

Elles sont donc honorables pour moi.

FANFOLIN.

ARIETTE *en Dialogue.*

Cependant sur mon Régistre
Je ne trouve pas cela.

| BRISEFER. | FANFOLIN. |
|---|---|
| Vous vous trompez.<br>de Chapitre. | Non, non, c'est votre<br>Chapitre. |

FANFOLIN.

Ecoutez bien, le voilà :
(*Il lit.*)
» Brisefer est un bélitre

» Que par-tout on bernera :
» Dans un bal il remboursa
» Plus de deux cens croquignoles.

BRISEFER.

Laissez-là ces fariboles.

FANFOLIN.

Attendez. » A coups de gaules
» On lui frotta les épaules,
» Et pourtant il ne dit mot :
» Malgré son sabre terrible,
» Il souffrit d'un air paisible
» Qu'on le chassât comme un sot.

BRISEFER.

Bon ! ce brutal étoit ivre ;
Sans cela... j'aurois ma foi...

FANFOLIN.

Consultons encore le livre.
(*Il lit.*)
» Non, il étoit de sang froid.

BRISEFER.

Oh bien ! c'étoit un grand Seigneur
Que par respect ... si j'ai mémoire ...

FANFOLIN.

Ecoutez la fin de l'histoire :
» C'étoit un garçon Tailleur.

BRISEFER.

Ne croyez pas ces Mémoires-là. Comptez que ma valeur....

FANFOLIN.

Je sçais maintenant à quoi m'en tenir. Je vois qu'on vous a fait une injustice.

BRISEFER.

Sûrement.

FANFOLIN.

La République s'est bien trompée sur votre compte.

BRISEFER.

Oui, je vous en réponds.

FANFOLIN.

Elle vous a cru un homme brave, dont la valeur avoit besoin d'être guidée par la raison; c'est pourquoi elle vous a banni pour un tems.

BRISEFER.

C'est cela même.

FANFOLIN.

Et vous n'êtes qu'un fanfaron, adieu: quand vous sçaurez vous rendre justice, je verrai ce qu'on peut faire pour vous.

BRISEFER.

ARIETTE.

Le respect retient ma colere,
Sans cela nous verrions beau jeu.
Ah! corbleu, ventrebleu,
Si l'on tarde à me satisfaire,
Je fais main basse,
Je casse,
Fracasse,
Je mets ici tout en morceaux;
Je fais sauter la maudite Isle,
Où l'on m'exile,
Et je l'abysme dans les flots.

(*Il sort.*)

## SCENE IV.

FANFOLIN, SORDIDE.

FANFOLIN.

QUelle est cette autre figure pâle qui s'avance? Que voulez-vous, bon homme?

SORDIDE *une cassette sous son bras.*

ARIETTE.

Je suis un pauvre miserable;
Rongé de peine & de souci.

Je

Je n'ai ni mangé, ni dormi ;
J'ai travaillé comme un diable
Pour amasser l'or que voici.
Je suis un pauvre miserable,
Rongé de peine & de souci.

Soyez le Gardien secourable
Du trésor que je vous remets.
Hélas ! quels seroient mes regrets,
Si, par quelque main détestable,
Un bien si cher m'étoit ravi !
J'en suis de frayeur tout transi.
Je suis un pauvre miserable,
Rongé de peine & de souci.

Sans cesse une foule importune,
Pour m'enlever ma fortune,
Me guette en *catimini ;*
Jeune, vieille, blonde, brune,
M'apellent leur petit ami :
Oh ! l'adresse est admirable.
Le voilà (*il montre sa cassette*) leur petit ami.
Je suis un pauvre miserable,
Rongé de peine & de souci.

FANFOLIN.

Eh ! que deviendra cette cassette, si je vous permets de vous en retourner chez vous ?

SORDIDE.

Oh ! je ne m'en soucie pas, Seigneur. On ne sçauroit voyager sans qu'il en coûte beaucoup, & sans être exposé à mille rencontres fâcheuses. Que sçais-je moi ! si des Pirates venoient attaquer notre vaisseau & s'emparer de ma cassette, ma chere cassette ! (*il la baise.*)

FANFOLIN.

Elle est donc bien garnie ?

SORDIDE *regardant de tous côtés.*

N'en dites rien à personne, il y a deux cents mille francs en or, & une petite boëte remplie de diamans.

FANFOLIN.

Pour qui gardez-vous ce tresor ? Avez-vous des enfans ?

SORDIDE.

Le Ciel m'en préserve, je n'ai qu'une pupille, dont le pere en mourant m'a confié la personne & les biens ; mais je ne veux pas qu'elle se marie.

FANFOLIN.

Et elle en auroit bonne envie.

SORDIDE.

Elle n'y penſe ſeulement pas. Je l'ai élevée dans une ignorance .... Croiriez-vous qu'elle a peur des hommes?

FANFOLIN.

Elle n'a peut-être jamais vu que vous?

SORDIDE.

Non, vraiment perſonne n'entre chez moi: & quand je ſors, je la tiens enfermée ſous la clef.

FANFOLIN.

Bonne précaution! on ne ſçauroit ſe conduire avec plus de prudence .... Adieu, veillez toujours ſur votre pupille, je veillerai ſur votre caſſette.

SORDIDE.

Vous en aurez bien ſoin, je vous prie.

FANFOLIN.

Elle eſt en ſûreté.

SORDIDE *s'en va & revient.*

Mais ....

FANFOLIN.

Quoi!

SORDIDE.

Si quelqu'un alloit vous l'enlever?

FANFOLIN.

Ne craignez rien, vous dis-je, je la cacherai dans l'endroit le plus ſûr de mon apartement.

SORDIDE *s'en va en ſe retournant de tems en tems, & en diſant:*

Je ſuis un pauvre miſerable.

FANFOLIN.

Voilà de tous les foux le plus mauſſade & le plus à plaindre.

## SCENE V.

FANFOLIN, SPENDRIF.

SPENDRIF *ſe jettant aux genoux de Fanſolin.*

SEigneur, ayez pitié de la miſere où je ſuis réduit.

FANFOLIN.

Que vous eſt-il arrivé? Parlez.

SPENDRIF.

ARIETTE.

Pour avoir eu trop de bien ;
A présent je n'ai plus rien :
Quand j'étois dans l'opulence,
Dans le sein de l'abondance,
Je nageois dans les plaisirs.
Nombre d'amis & d'amies
Prévenoient mes fantaisies,
Et flattoient tous mes désirs.
Attirés par mes richesses,
Dans leurs trompeuses caresses
Ils m'étrangloient d'amitié :
Quand ils m'ont vu dépouillé ;
Ils m'ont quitté sans pitié.

FANFOLIN.

Ainsi va le monde. On se prosterne devant l'idole tant qu'elle est debout ; on la foule aux pieds quand elle est par terre. Mais enfin, que puis-je faire pour vous ?

SPENDRIF.

Prêt à retourner dans ma patrie, où j'ai fait une certaine figure, je voudrois bien avoir de quoi y reparoître avec éclat.

FANFOLIN.

Votre retour n'est pas encore certain : mais votre malheur me touche : tenez, voilà de l'argent.

(*Il lui donne la cassette de Sordide, & il dit à part :*)

Je verrai par l'usage qu'il en fera, s'il mérite que je lui fasse grace entiere.

SPENDRIF.

Ah ! Seigneur, vos bontés passent mon espérance. (*Il s'en va.*)

FANFOLIN *le rapellant.*

Ecoutez, écoutez. (*Spendrif revient.*) Qu'allez-vous faire de cet argent-là ?

SPENDRIF.

Me venger des ingrats qui m'ont abandonné dans ma misere, me montrer à leurs yeux plus brillant que jamais.

FANFOLIN.

Vous n'en ferez part à personne ?

SPENDRIF.

Je n'aurai garde, je ne veux plus dépenser follement pour les autres.

FANFOLIN.

Non, ce sera pour vous.

SPENDRIF.

Je vais de ce pas louer un Hôtel magnifique, commander des habits, des équipages, nombre de valets à ma suite.

FANFOLIN.

C'est bien fait, dépensez, dépensez; quand vous n'aurez plus d'argent, vous viendrez me retrouver, entendez-vous?

SPENDRIF.

Que serviroit d'avoir du bien, si l'on ne sçavoit en faire usage?

ARIETTE.

Sçavez-vous pourquoi l'argent
Est de forme ronde, ronde?
C'est afin que par le monde
Il roule plus aisément.

Par une loi toujours sure,
Chaque chose va son train;
Et c'est forcer la nature
Que d'en changer le destein.

L'onde est faite pour couler,
L'hirondelle pour voler,
L'argent est fait pour rouler. (*Il sort.*)

FANFOLIN.

Voilà deux foux bien oposés, un avare & un prodigue. Ce que j'y trouve de singulier, c'est qu'ils sont arrivés au même but par des chemins tout différens.

*Il entend chanter.*

## SCENE VI.

### FANFOLIN, GLORIEUSE, FOLLETTE.

FANFOLIN.

EN voici d'autres qui me semblent d'un caractere plus joyeux. Ce sont des femmes: oh, oh! je m'étonnois aussi de n'en point voir dans l'Isle des foux.

FOLLETTE *entte en chantant & en sautant*

ARIETTE

Malheur à qui soupire,
Je na veun que chanter & rire.
Vive, vive la belle humeur.

Quand l'allégreffe
Ne vient pas du cœur,
Bientôt la tendreffe
En détruit la douceur.
Vive, vive la belle humeur.

Si je fuis folle,
Oh! par ma foi,
Combien j'en vois
Qui le font plus que moi.
Voyez cette momie
Qui jamais n'a ris de vie.
Des violons;
Allons, allons;
Qu'on faffe place, qu'on fe range,
Je fens le pied qui me demange;
Eh! allons, gai mon mignon,
Danfons un rigaudon.

Eh bien! Monfieur le Gouverneur, vous voilà bien férieux.

FANFOLIN.

Et vous bien gaie. Il ne paroît pas que vous vous ennuyez ici. Venez-vous me demander votre départ?

FOLLETTE.

Non, c'eft un mari que je veux.

FANFOLIN.

S'il ne faut pour cela que mon confentement, je vous le donne. Avez-vous fait un choix?

FOLLETTE.

Oui.

FANFOLIN.

Et peut-on fçavoir fur qui vous avez jetté les yeux?

FOLLETTE.

Sur vous.

FANFOLIN.

Vous me faites en vérité trop d'honneur.

FOLLETTE.

Point du tout, c'eft une juftice que je vous dois: j'ai fçu que vous vouliez vous marier, j'ai parcouru en idée toutes les beautés que cette Ville renferme, pour fçavoir à qui vos vœux pourroient s'adreffer décemment, je n'ai trouvé que moi qui fut digne de vous.

FANFOLIN.

L'offre eft gracieufe, fans doute... mais...

FOLLETTE.

Quoi, mais ? ....

FANFOLIN.

Mais, je ne puis en profiter.

FOLLETTE.

Comment ?

GLORIEUSE.

Eh ! ma sœur, ne voyez-vous pas que le Seigneur Fanfolin tourne les yeux vers moi, après cela peut-il songer à vous ?

FOLLETTE *à Fanfolin.*

Ne l'écoutez pas, Seigneur, c'est une folle qui croit qu'on ne peut la voir sans l'aimer.

GLORIEUSE.

Mais cela ne me surprend pas.

ARRIETTE.

Tout s'empresse autour de moi.
Sçavez-vous pourquoi ?
C'est que je suis charmante,
Ma beauté ravissante
Enchaîne à la fois
Mille amans sous ses loix.
L'Amour sur mes traces
Conduit les Graces :
C'est à qui me verra ;
C'est à qui m'aimera.
On admire,
On soupire,
Et l'on dit tout bas :
Ah ! qu'elle est charmante !
Ah ! qu'elle a d'apas !
Qu'elle est ravissante !
Elle enchaîne à la fois
Mille amans sous ses loix.

FOLLETTE.

Eh ! oui, ma sœur, vous faites des conquêtes ; mais votre bêtise vous les fait perdre tout aussitôt : il faut de l'esprit pour les conserver.

GLORIEUSE.

De l'esprit, de l'esprit ! on en a toujours assez, quand on est belle.

FOLLETTE.

Vous êtes dans l'erreur.

ARIETTE.

La beauté ſans l'eſprit n'eſt rien;
L'eſprit rend la laideur aimable :
L'eſprit ſeul d'un tendre lien
Peut rendre la chaîne durable :
La beauté ſans l'eſprit n'eſt rien.

Près d'une belle idiote,
Toujours ſotte,
L'amour s'endort;
Mais avec une fille
Dont l'eſprit brille,
Sautille,
Petille,
Babille,
C'eſt toujours nouveau tranſport.
Lorſqu'à la mine jolie
L'eſprit aimable s'allie,
C'eſt le ſouverain bien :
La beauté ſans l'eſprit n'eſt rien.

Qu'en dites-vous, Monſieur le Gouverneur?

FANFOLIN.

Je dis... je dis que votre ſœur n'a pas aſſez d'eſprit, & que vous en avez trop.

FOLLETTE.

Vous me refuſez donc?

FANFOLIN.

Pardonnez-moi; mais je ne ſuis point encore preſſé de me marier.

FOLLETTE.

Une autre que moi vous arracheroit les yeux pour un refus auſſi outrageant; mais vous y perdez plus que moi. Adieu, Seigneur Fanfolin; je ne manquerai ni d'amis, ni d'amans quand je voudrai. (*Elle ſort.*)

GLORIEUSE.

Moi, je ne vous en tiens pas quitte. Tôt ou tard vous me rendrez les armes; avant qu'il ſoit peux, je veux vous voir à mes genoux.

(*Elle ſort.*)

FANFOLIN.

Si toutes les femmes de cette Iſle reſſemblent à ces deux folles, je paſſerai plutôt ma vie dans le célibat que d'en prendre une. Mais que vois-je? Quelle eſt cette jeune beauté? Elle a l'air inquiet.

## SCENE VII.

FANFOLIN, NICETTE *entre d'un air timide.*

FANFOLIN.

QU'avez-vous ? Que cherchez-vous, ma belle enfant ?

NICETTE.

Je ne sçais pas.

FANFOLIN.

Vous ne sçavez pas ce que vous cherchez.

NICETTE.

Excusez-moi ; c'est que je suis si troublée ...

FANFOLIN.

Puis-je en sçavoir la cause ?

NICETTE.

Je voudrois parler au Gouverneur.

FANFOLIN.

C'est moi-même : que me voulez-vous ?

NICETTE.

Ah ! Monseigneur, ayez pitié de la pauvre Nicette. Je viens vous demander votre protection contre un maudit Tuteur.... ( *Elle regarde de côté & d'autre.* ) J'ai toujours peur de le rencontrer.

FANFOLIN.

N'apréhendez rien ; vous êtes en sûreté avec moi.

NICETTE.

Mon pere en mourant lui à confié toute ma fortune, & il en abuse pour me persécuter. Il y a trois ans qu'il me tient enfermée : ce matin en sortant il a oublié de fermer la porte, j'en ai profité pour me sauver.

FANFOLIN.

N'est-ce pas Sordide qu'il se nomme ?

NICETTE.

Vous le connoissez, Monseigneur ? Ah ! je vous en prie, ne me remettez pas en son pouvoir.

FANFOLIN.

Moi, vous remettre entre ses mains ! me priver du plaisir de voir vos apas ! Non, ma belle enfant, non : vous m'avez enflammé dès la premiere vue, venez avec moi ; mon Palais sera votre asyle.

NICETTE.

Oh ! Monseignenr !

FANFOLIN.

FANFOLIN.

Vous balancez ! doutez-vous de mon pouvoir ? Craignez-vous Sordide, quand je prends votre défense ?

NICETTE.

Oh non ! c'oſt vous que je crains.

FANFOLIN.

Vous me craignez, moi qui ne puis m'empêcher de vous aimer ; moi qui n'aſpire qu'au bonheur d'être aimé de vous !

NICETTE.

C'eſt juſtement à cauſe de cela. Sordide m'a dit qu'il falloit ſe défier de tous les hommes, ne pas les aimer. Oh dame ! je lui ai bien obéi, car je ne pouvois pas le ſouffrir.

FANFOLIN.

Déteſtez Sordide, à la bonne heure ; mais moi, qui veux vous rendre heureuſe, me haiſſez-vous autant que lui ?

NICETTE.

Hélas ! non, je vous aſſure ; & cependant je ſuis bien plus embarraſſée avec vous qu'avec lui.

FANFOLIN.

Mais du moins levez les yeux, regardez-moi : ai-je l'air d'un trompeur ? Regardez-moi, par grace.

NICETTE.

ARIETTE.

Monſeigneur, quand je vous regarde ;
Les traits que votre œil me darde,
Me mettent toute hors de moi ;
J'éprouve un je ne ſçais quoi....
Monſeigneur, quand je vous regarde ;
Je me ſens treſſaillir,
Rougir,
Pâlir :
Monſeigneur, laiſſez-moi partir. (*Elle ſort.*)

FANFOLIN.

Elle fuit : profitons de ſon trouble, & tâchons de l'attendrir.

ARIETTE.

Dans ſon cœur,
La pudeur
A l'amour diſpute la victoire :
Mais l'amour
En ce jour
De triompher aura la gloire ;
Et ce Dieu par un trait vainqueur
Fera taire la pudeur.

## SCENE VIII.

### GLORIEUSE, SPENDRIF.

GLORIEUSE.

ARIETTE.

Quel eſt donc cet excès d'audace?
Vous m'oſez regarder en face;
Baiſſez les yeux,
Vous ferez mieux.
Vous m'adorez, je puis le croire :
En vérité cette victoire
Fait grand honneur à mes apas.
Adorez-moi, mais en ſilence,
Eloignez-vous de ma préſence;
Et ſoupirez ſi bas, ſi bas,
Que je ne vous entende pas.

SPENDRIF.

Faites, faites céder votre fierté à l'excès de ma tendreſſe. Pour vous prouver à quel point je vous aime, je viens mettre à vos pieds tout ce que j'ai de richeſſes.

(*Il met ſa caſſette à ſes pieds.*)

GLORIEUSE.

Hem! qu'eſt-ce que vous m'offrrez-là? Allez, mon pauvre garçon, tout l'or du Perou ne vaut pas un ſeul de mes charmes; je veux vous mettre charitablement à l'abri de leurs coups, & je vous fuis par pitié. (*Elle s'en fuit.*)

SPENDRIF *courant après elle.*

Ah; ſi mon or ne vous ſuffit pas, je vous offre mon ſang & ma vie: je ne vous quitterai pas.

(*Il ſort en laiſſant ſa caſſette ſur le Théâtre.*)

*

## SCENE IX.

### SORDIDE.

Toutes réflexions faites, je crains que Fanfolin n'ait pas assez de soin du dépôt que je lui ai confié. Les grands Seigneurs ont tant d'affaires, qu'il leur est impossible de songer à tout ; & il en seroit quitte pour me dire : Ah ! mon ami, je ne sçais pas ce que cela est devenu, j'en suis bien fâché... & moi je porterai la peine de sa négligence. Il faut.... (*Il se heurte contre la cassette.*) Que sens-je là ? c'est une boëte, c'est... c'est... en croirai-je mes yeux ?... & ouî, c'est ma cassette. Je vous retrouve donc, cher trésor, cher bijou, idole de mon ame : en quelles mains vous avois-je laissée ? Ah pardon ! mais cela ne m'arrivera plus ; nous vivrons, nous mourrons ensemble... Mais, où le mettre ? où le cacher ? J'aperçois un endroit, au pied de cet arbre... qui me semble fait exprès... Plus ce jardin est fréquenté, moins on devinera que j'y aie enterré mon argent.

ARIETTE.

O terre ! voici mon or :
O terre ! sois-moi fidelle ;
Jusqu'à la moindre parcelle,
Conserve bien mon trésor.

En ce jour je te confie
Ma fortune & mon destin :
Mon cœur, mon ame, ma vie,
Sont renfermés dans ton sein.

J'entends quelqu'un, faisons semblant de nous promener.

## SCENE X.

### SORDIDE, FOLLETTE & sa suite.

FOLLETTE *à sa suite.*

PAix donc ! il y a une heure que je vois Sordide roder autour de cet arbre, & sûrement ce n'est pas sans raison, je parierois que c'est son trésor qu'il vient d'enterrer là.

( *Sordide se promene en chantant.* )

FOLLETTE.

Oui, oui, chante, chante ; nous allons bientôt te faire danser. ( *A sa suite.* ) Laissez-moi faire, & songez à me seconder. ( *Elle aborde Sordide.* ) Que faites-vous donc là ?

SORDIDE.

Oh ! je m'amuse à prendre l'air.

FOLLETTE.

C'est fort bien fait, nous sommes venus aussi dans le même dessein : puisque nous voilà tous ensemble, jouons à quelque jeu.

SORDIDE.

Un homme de mon âge jouer avec vous ?

FOLLETTE.

Qu'est-ce que cela fait ? Un homme de votre âge est encore très-bien. Il y a quantité de jeunes gens qui ne vous valent pas.

SORDIDE.

Jouez, jouez entre vous, j'aurai plus de plaisir à vous voir.

FOLLETTE.

Nous ne voulons pas vous gêner. ( *à sa suite.* ) Allons, jouons au Colin-Maillard : tenez, je ferai présent de cette bague à celle qui m'attrapera.

SORDIDE *à part.*

Peste, ce seroit une bonne affaire pour moi, si je pouvois gagner cette bague. ( *à Follette.* ) Hé bien voulez-vous que j'en sois ?

FOLLETTE.

Volontiers. ( *à part.* ) Je sçavois bien qu'il donneroit dans le panneau. ( *haut.* ) Tirons au sort pour sçavoir qui sera Colin-Maillard.

SORDIDE.

Sans tirer, je le ferai si vous voulez; donnez-moi le mouchoir.

*Pendant qu'on lui bande les yeux, on chante ce*

DUO.

| SORDIDE. | FOLLETTE. |
| --- | --- |
| C'est l'or seul qui plaît à mes yeux, | Avec ce bandeau sur les yeux. |
| Je me ris du Dieu de Cythere: | On diroit du Dieu de Cythere. |
| Quand vous auriez la beauté de sa mere, | Que n'ai-je, hélas! la beauté de sa mere! |
| Je ne vous aimerois pas mieux. | Peut-être je vous plairois mieux. |

FOLLETTE.

Hum, le vieux vilain.

SORDIDE.

Hem!

FOLLETTE.

Je dis que vous pensez très-bien: allons: cherchez!

ARIETTE EN DIALOGUE.

SORDIDE *tâtonnant.*

Hé bien! hé bien, où donc êtes-vous?

FOLLETTE *& les autres.*

Attrapez-nous, attrapez-nous.

SORDIDE.

Je n'y vois goute.

FOLLETTE.

Il ne faut pas voir.

SORDIDE.

Je ni vois goute,
Je crains de cheoir.

FOLLETTE *montrant l'endroit où est la cassette.*

C'est ici sans doute,
(*A sordide.*)
Garre le pot au noir.

TOUS *à Sordide.*

Pot au noir.

SORDIDE.

Je tremble à chaque pas.

FOLLETTE.

Ne nous rebutons pas,
Fouillez encore :
C'eſt ſon tréſor
Qu'il a mis là.

SORDIDE *ſaiſiſſant quelqu'un.*

Ah ! vous voilà !
Ah ! je vous tiens.

FOLLETTE *montrant la caſſette.*

Bon, je la tiens :
Ne diſons rien.

LA SUITE DE FOLLETTE *entourant Sordide.*

Qui ? devinez
Qui vous tenez.

SORDIDE.

C'eſt Follette.

LA SUITE DE FOLLETTE.

Non, c'eſt Finette.
Allons, allons,
Recommençons.

SORDIDE.

Non, je ſuis las ;
Je tremble à chaque pas
En marchant à tatons.

FOLLETTE.

Avez-vous fait ? Oui ; bon, partons.

SORDIDE.

A chaque pas je friſſonne,
Je n'entends perſonne.
Follette, Follette :
Perſonne ne répond.
Où ſont-ils donc ?

FOLLETTE.

Tout doucement, eſquivons-nous :
Tout doux, tout doux.

SORDIDE *ôte ſon bandeau.*

Ah ! ma caſſette !

TOUS *riant.*

Nous la tenons. (*Ils s'en fuient.*)

SORDIDE.

Ah ! les fripons !
Courons après ; ah ! les fripons ! (*Il les pourſuit.*)

*Fin du premier Acte.*

# ACTE II.

## SCENE PREMIERE.

NICETTE *seule.*

ARIETTE.

Quelle affreuſe contrainte
Me tourmente en ce jour ?
L'eſpérance & la crainte
M'agitent tour à tour.
Du jeune Amant qui m'engage ;
Je crains de perdre l'hommage,
En lui cachant ſon bonheur.
Peut-être il ſera volage,
S'il ſçait qu'il eſt mon vainqueur.
Quelle affreuſe contrainte
Me tourmenre en ce jour !
L'eſpérance & la crainte
M'agitent tour à tour.

Fanfolin vient, feignons de dormir ; ſi ſes ſentimens ſont auſſi ſinceres qu'il le dit, je pourrai, ſans rougir, lui faire l'aveu des miens.

## SCENE II.

FANFOLIN, NICETTE *dans un fauteuil feignant de dormir.*

FANFOLIN, *à part.*

ENfin, me voilà débarraſſé : les importuns qui me perſécutent ſans ceſſe, m'ont fait perdre les traces de Nicette J'ai eu beau la chercher.... Ah ! la voici qu'elle repoſe.... reſpectons ſon ſommeil ; elle fuiroit peut-être encore, ſi je l'éveillois.

NICETTE *à demi-voix.*

ARRIETTE.

Hélas !

FANFOLIN.

Son ſein s'agite,
Son cœur palpite.

NICETTE.

Hélas !

FANFOLIN.

Je ne me trompe pas,
Un ſonge excite
Son embarras....
Mais ſon trouble
Redouble,
Elle parle bas.

NICETTE.

M'aimes-tu comme je t'aime ?

FANFOLIN.

Quelqu'un a touché ſon cœur :
Aprenons d'elle-même
Le nom de ſon vainqueur.

NICETTE.

Fanfolin ?

FANFOLIN.

Quel bien ſuprême !

*Enſemble.*

NICETTE.

M'aimes-tu comme je t'aime ?

FANFOLIN.

Ah ! Nicette, ſi je t'aime...

FANFOLIN, *à part.*

Charmante erreur du ſommeil !
Oui, Nicette, je vous adore :
Dormez, rêvez encore.
Amour, ſuſpends ſon réveil.

NICETTE.

Me ſeras-tu fidéle !

FANFOLIN.

Oui, je ſerai fidéle.

| NICETTE. | FANFOLIN. |
|---|---|
| Me ſeras-tu fidéle ? | Oui, je ſerai fidéle. |

FANFOLIN *ſe jettant aux genoux de Nicette.*

Oui, Nicette, je vous adore.... Belle Nicette.

NICETTE.

NICETTE.

Qui m'apelle? Ah! c'eſt vous, Seigneur! pourquoi vous mettre à mes genoux?

FANFOLIN.

Je répondois à ce que vous me diſiez tout à l'heure.

NICETTE.

Je dormois, Seigneur; quand on dort on ne ſçait ce que l'on dit, ce que l'on fait. Si j'ai dit quelque choſe qui puiſſe vous déplaire, oubliez, oubliez...

FANFOLIN.

Moi, l'oublier! Ah! répétez-le plutôt mille fois.

NICETTE.

Qu'ai-je donc dit?

FANFOLIN.

En rêvant, vous croyiez me parler; vous m'aimiez... vous me le diſiez.

NICETTE, *embaraſſée.*

Je vous aimois!

FANFOLIN.

Oui, Nicette; mais vous ne me l'avez dit qu'en ſonge.

NICETTE.

Eh! n'eſt-ce pas aſſez?

FANFOLIN.

Non, mon amour exige un aveu que vous ne puiſſiez pas démentir.

NICETTE.

Vous m'en demandez trop, laiſſez-moi.

(*Fanfolin lui baiſe la main.*)

Finiſſez donc, j'enténds quelqu'un; je ne veux pas qu'on nous voie enſemble. (*Elle ſort.*)

---

## SCENE III.

FANFOLIN, FOLLETTE, SORDIDE qui la ſuit.

FANFOLIN.

ENfin, je ſuis sûr d'être aimé, l'amour & la pudeur m'en ont fait l'aveu. Allons la revoir; mais ne voilà-t-il pas encore ce maudit avare?

SORDIDE *retenant Fanfolin.*

ARIETTE.

Ah! Monſeigneur, un moment,
J'implore votre juſtice.
Souffrez-vous qu'on me raviſſe
Mon bonheur & mon argent?

(*A Follette qui rit.*)

Scélérate, coquine,
Redoute ma fureur.
Que ma main ſur ta mine
Fraperoit de bon cœur.

(*A Fanfolin.*)

Monſeigneur, où fuyez-vous?
J'implore votre juſtice.
Voulez-vous que je périſſe?
Je me jette à vos genoux:
Si l'on ne me rend mon or,
C'eſt fait de moi, je ſuis mort.

Je vous l'avois confié de la meilleure foi du monde; & vous n'avez pas daigné en prendre ſoin.

FANFOLIN.

Qu'en ſçavez-vous?

SORDIDE.

Puiſqu'un inſtant après je l'ai trouvé par terre.

FANFOLIN, *à part*

C'eſt quelque nouvelle folie de Monſieur Spendrif. (*haut.*) Hé bien!

SORDIDE.

Hé bien! elle a trouvé le ſecret de l'enlever dans l'endroit où je l'avois caché.

FOLLETTE *riant.*

Oui, en jouant à Colin-Maillard. Ah! ah! ah!

FANFOLIN.

Si Follette vous l'a pris, qu'elle vous le rende; je n'y ſçais pas autre choſe. (*Il s'en va.*)

## SCENE IV.

FANFOLIN, SPENDRIF.

SORDIDE.

AH! charmante Follette, ayez pitié de moi.

FOLLETTE.

Charmante Follette! je ne ſuis donc plus une voleuſe; une ſcélérate.

SORDIDE.

J'ai eu tort, je l'avoue; mais je vous en demande mille pardons.

FANFOLIN.

A genoux, tout à l'heure.

SORDIDE.

M'y voilà, Follette, chere Follette, adorable Follette!

FOLLETTE.

De quoi s'agit-il?

SORDIDE.

Ma caſſette.

FOLLETTE.

Cherchez-là: eſt-ce que vous me l'avez donné en garde.

SORDIDE.

ARIETTE

Tu ris de mon martyre:
Rien ne peut t'émouvoir.
Il faut donc que j'expire;
O rage! ô déſeſpoir!
Oui, prends mon ſang, cruelle:
Si tu m'ôtes mon bien.
A ma douleur mortelle
Tu n'ajouteras rien.
Ou ſi ta main barbare
N'oſe trancher mes jours;
Pour deſcendre au tartare
J'aurai d'autres ſecours.

(*Il délie la corde qui lui ſert de ceinture.*)

C'eſt ma faute auſſi, il eſt juſte que je m'en puniſſe.

FOLLETTE.

Qu'allez-vous faire ?

SORDIDE.

Laiſſez-moi.

FOLLETTE.

Mais encore !

SORDIDE.

Eh ! laiſſez-moi, vous dis-je.

FOLLTTE.

Quel funeſte deſſein !

SORDIDE.

Rendez-moi mon argent, où . . laiſſez-moi me pendre.

FOLLETTE

Je vous le rendrai.

SORDIDE.

Tout de bon ? Puis-je eſpérer ?. . .

FOLLETTE.

Oui, je vous rendrai votre caſſette; mais ce n'eſt qu'à une condition.

SORDIDE.

Vous pouvez ordonner : tout me ſera poſſible.

FOLLETTE.

ARIETTE.

Pour avoir votre caſſette,
Il s'agit de m'épouſer.
Je ſuis vive, un peu coquette;
Mais enfin je ſuis follette.
Je ſçaurai vous amuſer.
On en rira, que m'importe!
A l'amour qui me tranſporte,
Je me livre ſans façon :
A travers votre air mauſſade.
Vous avez certaine œillade
Qui fait perdre la raiſon.
Du beau monde j'ai l'uſage,
Après notre mariage
Je vous donnerai le ton :
Laiſſez-moi, laiſſez-moi faire;
Je veux de cette maniere
Faire d'un loup garou,
Un vrai bijou.

## SCENE V.

### SORDIDE *seul.*

OUi, va, je t'épouserai ! tu n'as qu'à t'y attendre. Pour avoir mon argent, j'aurois promis d'épouser le Diable. Moi prendre femme ! moi ! Ah parbleu, il faudroit que je fusse bien fou.

ARIETTE.

La femme est comme la mer,
Elle s'apaise, elle gronde,
C'est l'inconstance de l'onde,
C'est du doux, c'est de l'amer.
Le matin charmante.
    Elégante,
    Engageante,
    Caressante,
    Obligeante,
Elle fait votre amusement.
Le soir turbulante,
    Chagrinante,
    Fatigante,
    Pétulente,
    Désolante,
Elle fait votre tourment.
Dans ses goûts elle est extrême :
Mais l'or est cent fois plus beau,
Son éclat est toujours nouveau,
Et sa beauté toujours la même.

## SCENE VI.

### SORDIDE, NICETTE.

NICETTE *dans l'enfoncement.*

J'Ai quitté Fanfolin dans l'espérance qu'il me suivroit, je ne le vois point paroître : il ne m'aime donc pas autant qu'il veut me le faire croire.

SORDIDE, *à part.*

Quand une fois je tiendrai mon argent !... Mais, taisons-nous : voici Follette... Non vraiment. Me trompe-je.

## *QUATUOR.*

SORDIDE.
Quoi ! c'est Nicette, ô Ciel !
NICETTE.
C'est mon tuteur, ô Ciel !
*Ensemble.* { Quel sort cruel !
SORDIDE.
Quel sort cruel ! }
Contre mon ordre févere
Comment osez-vous sortir ?
NICETTE.
Je crains peu votre colere ;
Le Gouverneur va venir.
SORDIDE.
Dans ma dependance
Vous serez toujours.
NICETTE.
Craignez sa vengeance,
J'attends son secours.

## SCENE VII.

*Suite du Quatuor.*

FOLLETTE.

Votre main est-elle prête ?
Tenez, voilà votre argent.
Comment donc un tête à tête !

| FOLLETTE. | NICETTE. | SORDIDE. |
|---|---|---|
| Ah ! le petit inconstant ! | Craignez sa vengeance, | Dans ma dépendance |
| Je vous prends en tête à tête. | J'attends son secours. | Vous serez toujours. |
| Ah ! le petit inconstant ! | Craignez sa puissance, | Dans ma dépendance |
| Je vous y prends. | Au secours ! au secours ! | Vous serez toujours. |

FOLLETTE.

Inconſtant !
Inconſtant !
Ah! le petit inconſtant !
Je vous y prends,
Je vous y prends.

## SCENE VIII.

### LES ACTEURS PRÉCÉDENS, FANFOLIN.

*Suite du Quatuor.*

FANFOLIN.

QU'entends-je ? quel tintamare ?

NICETTE.

C'eſt ce maudit avare
Qui de mon bien s'empare,
Et veut me renfermer.

FANFOLIN.

Vous n'avez rien à redouter;
Dans mon Palais
Déſormais
Vous ſerez en paix.

FOLLETTE *à Sordide.*

Ah ! ah ! je vous y prends,
Ah ! petit inconſtant !

FANFOLIN *à Sordide.*

Rendez-lui promptement,
Rendez-lui ſon argent.

NICETTE *à Sordide.*

Rendez-moi promptement,
Rendez-moi mon argent.

SORDIDE.

Ah ! quel cruel tourment.
Laiſſez-moi mon argent.

ENSEMBLE.

FOLLETTE. Ah ! ah ! je vous y prends,
Ah ! petit inconſtant !

NICETTE. Rendez-moi promptement,
Rendez-moi mon argent.

FANFOLIN. Rendez-lui promptement,
Rendez-lui ſon argent.

SORDIDE. Ah ! quel cruel tourment !
Laiſſez-moi mon argent.

FANFOLIN.

Faites ce que je vous dis, & ne répliquez pas.

SORDIDE.

Je ne l'ai plus ce maudit argent.

FANFOLIN.

Qu'eſt-il donc devenu ?

FOLLETTE.

Le voici, je le raportois à Sordide, qui m'a promis de m'épouſer.

FANFOLIN.

Je vous défends de le remettre en d'autres mains que les miennes.

(*Un Officier de Fanfolin lui fait ſigne qu'il veut lui parler.*)

Que me voulez-vous?

L'OFFICIER.

Seigneur, je viens vous avertir du danger qui vous menace. Briſefer & Spendrif ſont aux mains pour ſe diſputer la poſſeſſion de Glorieuſe. Elle, pour les mettre d'accord, a promis d'épouſer celui des deux qui la vengeroit de vos mépris.

FANFOLIN.

Je vais punir ces inſolens, comme ils le méritent. Demeurez ici juſqu'à mon retour. (*Il lui remet la caſſette.*) Gardez cette caſſette, & veillez ſur Nicette; empêchez ſurtout ce vieux reiſtre de lui faire aucune violence.

## SCENE IX.

### FOLLETTE, SORDIDE, NICETTE, L'OFFICIER.

SORDIDE.

SUivez-moi, petite impertinente : vous me rendrez raiſon de tout ceci.

L'OFFICIER.

Doucement, Monſieur, doucement : vous avez entendu les ordres du Gouverneur.

SORDIDE.

SORDIDE.

Monsieur, j'ai sur elle l'autorité que son pere m'a remise en mourant.

NICETTE.

Vous l'avoit-il donnée pour me tourmenter ? Ne vous avoit-il pas prié de m'élever jusqu'à ce que je fusse en âge d'être mariée, & de me remettre alors l'héritage qu'il m'avoit laissé ?

SORDIDE.

Voilà donc ce qui vous tient ? Vous voulez être mariée;

NICETTE.

Ai-je tort à votre avis?

SORDIDE.

Est-ce ainsi que tu profites des leçons que je t'ai données ? Eh bien ! va, je t'abandonne à ton malheureux sort.

(*Il s'en va.*)

FOLLETTE *riant.*

Ah, ah, ah, ah. Vous avez raison, ma petite. Je vous aprouve très-fort.

NICETTE.

En quoi donc, Madame ?

FOLLETTE.

Il vous faut un mari, & un Gouverneur encore;

NICETTE.

Moi, Madame ?

FOLLETTE *la contrefait.*

Moi, Madame ? Et oui, vous; mais vous n'en êtes pas encore où vous pensez. Ce mariage là souffrira quelque difficulté. Adieu, ma mie; vous entendrez parler de moi.

(*Elle sort.*)

---

## SCENE X.

NICETTE, FANFOLIN, L'OFFICIER.

NICETTE.

AH ! Seigneur, vous venez à propos pour m'accorder une grace; c'est de me laisser retourner dans ma patrie.

FANFOLIN.

Quelle raison avez-vous de me quitter ? Doutez-vous de ma protection ?

NICETTE.

C'eſt juſtement cette protection qui rend mon départ néceſſaire. Vos bontés pour moi ſont tout mon malheur. Sordide eſt furieux, Glorieuſe eſt jalouſe, Follette vient de me railler, & va ſe joindre à vos ennemis pour vous traverſer. Briſefer & tous les autres foux me montrent au doigt. Epargnez-moi, je vous prie, ces outrages.

FANFOLIN.

J'ai déja diſſipé les cabales; & mes ordres vont être donnés pour en prévenir les ſuites.

(*Il parle à l'oreille de ſon Officier.*)

L'OFFICIER *s'en allant.*

Vous allez être obéi.

## SCENE XI.

FANFOLIN, NICETTE.

NICETTE.

LEurs plaintes ne ſont pas tout-à-fait injuſtes. Quels ſont mes droits pour obtenir la préférence ſur tant de Belles, qui méritoient mieux que moi le rang où vous voulez m'élever?

FANFOLIN.

Vous avez tous les droits attachés à la beauté, à la jeuneſſe. Ceſſez donc de vous opoſer à mes vœux, s'il eſt vrai que vous m'aimez.

NICETTE *tendrement.*

Si je ne vous aimois pas, je ſerois bien ingratte.

FANFOLIN.

Vous m'enchantez, ne perdons point de tems: venez avec moi, belle Nicette. Pour punir encore mieux les rébelles, je veux qu'ils ſoient témoins de votre triomphe.

(*Il ſortent.*)

## SCENE XII.

*Le Théâtre change & représente des loges de foux, qui crient à travers les barreaux.*

### CHŒUR DE FOUX.

BRISEFER.

ENchaîner ma valeur
Dans une cage,
Ah! quel outrage!
J'enrage de bon cœur.

SORDIDE.

Au voleur, au voleur....
Je ferai sage,
De cette cage
Délivrez-moi, Monsieur.

GLORIEUSE.

Une fille d'honneur
Se voir en cage,
Ah! quel outrage!
J'étouffe de douleur.

SPENDRIF.

La honte & la douleur
Dans cette cage
Sont mon partage:
J'expire de fureur.

FOLLETTE.

Monsieur le Gouverneur
N'est point en cage!
Ah! quel dommage!
(*à Fanfolin qui entre.*)
Faites-nous cet honneur,

## SCENE XIII.

FANFOLIN, NICETTE, CHŒUR DE FOUX.

*Suite du Chœur précédent.*

BRISEFER, SORDIDE, GLORIEUSE, SPENDRIF.

HElas ! faites-nous grace.

FOLLETTE.

Il faut à sa Grandeur
parmi nous faire place.

ENSEMBLE.
Place, place, place, place
A notre Gouverneur.
LES AUTRES.
Grace, grace,
Monseigneur le Gouverneur.

FOLLETTE.

Ce moderne Caton,
Des sages le modéle,
Devient un Céladon :
Le petit Cupidon
Lui tourne la cervelle.

LES AUTRES.

Hélas ! faites-nous grace.

FOLLETTE.

Il faut à sa Grandeur
Parmi nous faire place.

ENSEMBLE.
Place, place, place, place
A notre Gouverneur.
LES AUTRES.
Grace, grace, grace, grace;
Monseigneur le Gouverneur.

FANFOLIN *irrité.*

*Récitatif.*

Non, vous n'aurez point de grace;
Je punirai votre audace.

FOLLETTE.

Un amoureux caprice,
Lui trouble la raison.

LES AUTRES *à Follette.*

Paix donc, paix donc.

FOLLETTE.

Non, je lui rends justice;
Un amoureux caprice
Lui trouble la raison.

LES AUTRES.

Grace, grace.

FOLLETTE.

Il faut à sa Grandeur
Parmi nous faire place.

ENSEMBLE.
Place, place, place, place
A notre Gouverneur.
LES AUTRES.
Grace, grace, grace, grace,
Monsieur le Gouverneur.

NICETTE *à Fanfolin.*

Entendez-vous ce que dit Follette.

FANFOLIN.

Je fais plus, je trouve qu'elle a raison. J'aprends par ma propre foiblesse à compatir à celle des autres. J'ai ma folie comme eux: la cause en est trop belle pour en rougir; mais enfin, c'en est une: & s'il y faut renoncer, pour mériter le nom de sage, je sens qu'il m'est impossible d'y parvenir.

NICETTE *vivement.*

Je suis donc folle aussi, moi!

FANFOLIN.

Je n'ai déja plus assez de raison pour vous répondre là-dessus.

TOUS LES FOUX ENSEMBLE.

Monseigneur, grace, grace. Nicette, faites-nous rendre la liberté.

NICETTE.

Cher Fanfolin, ces malheureux me font pitié: accordez-leur ce qu'ils demandent.

FANFOLIN.

Vous allez être obéie. (*à ses Gardes.*) Qu'on les délivre. Rendez à Sordide la cassette qui lui tient tant au cœur. Venez (*aux Foux.*) rendre grace à Nicette, & désormais sçachez respecter mes folies, si vous voulez que je vous passe les vôtres. Livrez-vous au plaisir, & que tout célébre ici mon bonheur.

## CHŒUR.

### FANFOLIN.

Nous recevons ſans ceſſe
Des foux de toute eſpece
Dans ce riant ſéjour ;
Mais la folie,
La plus jolie,
Eſt celle de l'amour.

### NICETTE.

Si dans ſes chaînes
Il eſt des peines,
Les plaiſirs ont leur tour.
Oui, la folie,
La plus jolie,
Eſt celle de l'Amour.

### SORDIDE.



Non, la folie,
La plus jolie,
Eſt celle de l'argent.
Oh ! douce ivreſſe
De l'allégreſſe !
Que mon cœur eſt content !
Oui, la folie,
La plus jolie,
Eſt celle de l'argent.

### FOLLETTE.

Non, la folie,
La plus jolie,
Eſt de ſauter toujours ;
La douce ivreſſe
De l'allégreſſe
Vaut mieux que les Amours.
Oui, la folie,
La plus jolie,
Eſt de ſauter toujours.

## FIN.

www.ingramcontent.com/pod-product-compliance
Lightning Source LLC
LaVergne TN
LVHW010008230826
846092LV00002B/702

* 9 7 8 2 3 2 9 3 7 2 7 7 8 *